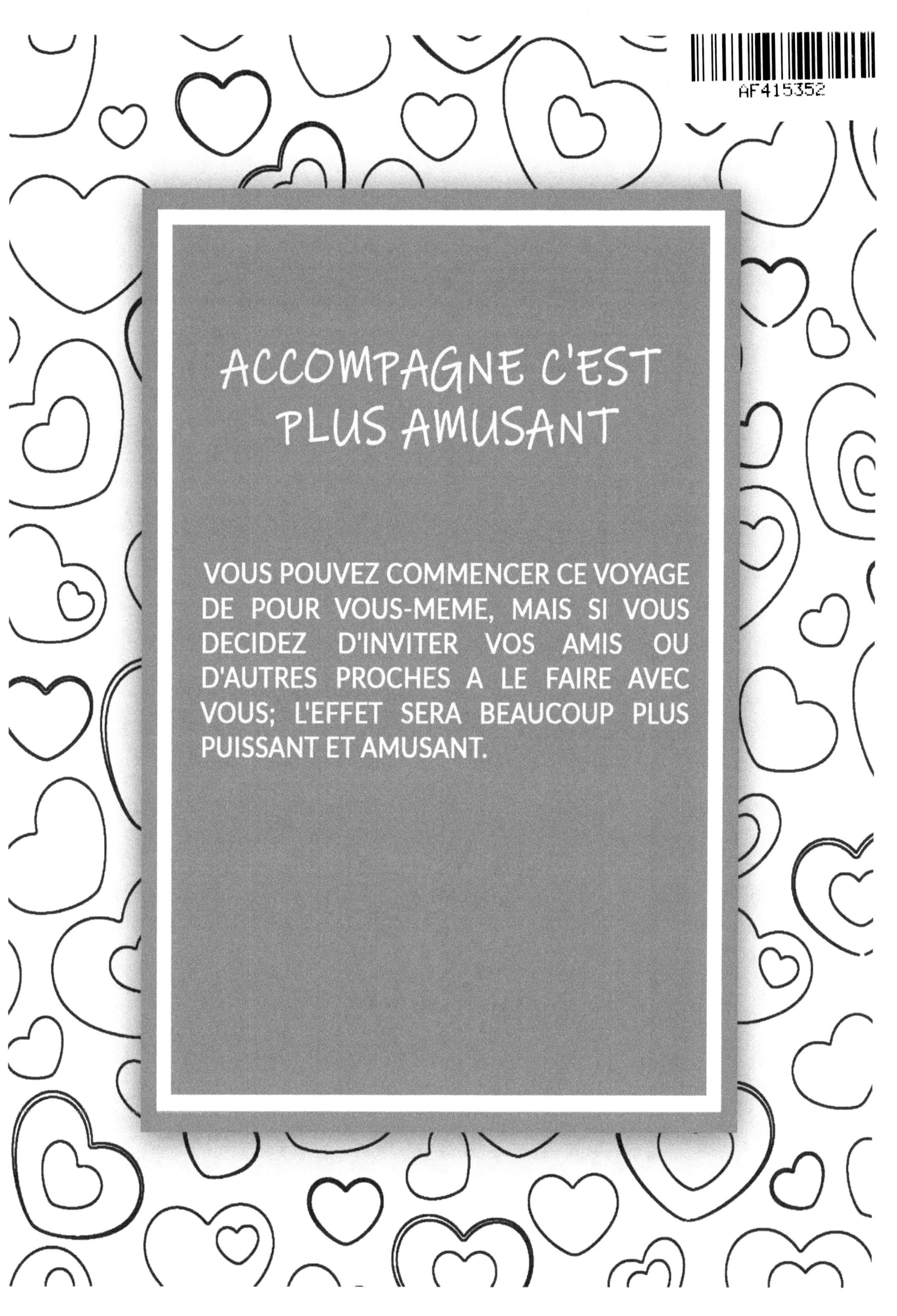

ACCOMPAGNE C'EST PLUS AMUSANT

VOUS POUVEZ COMMENCER CE VOYAGE DE POUR VOUS-MEME, MAIS SI VOUS DECIDEZ D'INVITER VOS AMIS OU D'AUTRES PROCHES A LE FAIRE AVEC VOUS; L'EFFET SERA BEAUCOUP PLUS PUISSANT ET AMUSANT.

NOUS AVONS 3 CADEAUX SPECIAUX POUR VOUS

1- UN SON SPÉCIAL POUR VOUS AIDER À MIEUX DORMIR, À L'ÉCOUTE DE LA PAROLE DU SEIGNEUR.

2- RECEVEZ NOS DÉVOTION POUR VOUS GARDER INSPIRÉ ET CONNECTÉ AVEC DIEU.

3- BELLES ILLUSTRATIONS À IMPRIMER ET A COLORIER AVEC DES VERSETS DE LA BIBLE

www.closr2god.com/french

POUR VOTRE COMMODITE, IL SUFFIT DE NUMERISER LE CODE CI-DESSOUS AVEC VOTRE SMARTPHONE (COMME SI VOUS DEVIEZ EN PRENDRE UNE PHOTO A L'AIDE DE VOTRE APPAREIL PHOTO), ET IL VOUS MONTRERA AUTOMATIQUEMENT LA PAGE POUR QUE VOUS PUISSIEZ ENTRER VOTRE E-MAIL ET LA RECEVOIR.

ESAÏE 54:17

TOUTE ARME FORGÉE CONTRE
TOI SERA SANS EFFET; ET TOUTE
LANGUE QUI S`ÉLÈVERA EN JUSTICE
CONTRE TOI, TU LA CONDAMNERAS.
TEL EST L`HÉRITAGE DES SERVITEURS
DE L`ÉTERNEL, TEL EST LE SALUT
QUI LEUR VIENDRA DE MOI,
DIT L`ÉTERNEL

PSAUMES 18:6
DANS MA DÉTRESSE, J`AI INVOQUÉ L`ÉTERNEL, J`AI CRIÉ À MON DIEU; DE SON PALAIS, IL A ENTENDU MA VOIX, ET MON CRI EST PARVENU DEVANT LUI À SES OREILLES

PSAUMES 147:3
IL GUÉRIT CEUX QUI ONT LE COEUR BRISÉ, ET IL PANSE LEURS BLESSURES

JOSUÉ 1:6
FORTIFIE-TOI ET PRENDS COURAGE, CAR C`EST TOI QUI METTRAS CE PEUPLE EN POSSESSION DU PAYS QUE J`AI JURÉ À LEURS PÈRES DE LEUR DONNER

JACQUES 5:15
LA PRIÈRE DE LA
FOI SAUVERA
LE MALADE,
ET LE SEIGNEUR LE
RELÈVERA;
ET S`IL A COMMIS
DES PÉCHÉS,
IL LUI SERA PARDONNÉ

LORSQUE
VOUS JEÛNEZ,
NE PRENEZ PAS UN AIR
TRISTE,
COMME LES HYPOCRITES,
QUI SE RENDENT
LE VISAGE TOUT DÉFAIT,
POUR MONTRER
AUX HOMMES QU`ILS JEÛNENT.
JE VOUS LE DIS EN VÉRITÉ,
ILS REÇOIVENT LEUR
RÉCOMPENSE

MATTHIEU 6:16

ECCLÉSIASTE 11:5

COMME TU NE
SAIS PAS QUEL
EST LE CHEMIN DU VENT,
NI COMMENT
SE FORMENT LES OS DANS
LE VENTRE
DE LA FEMME ENCEINTE,
TU NE CONNAIS
PAS NON PLUS L`OEUVRE DE
DIEU QUI FAIT TOUT

COLOSSIENS 3:17

ET QUOI QUE
VOUS FASSIEZ, EN PAROLE
OU EN OEUVRE, FAITES TOUT
AU NOM DU SEIGNEUR
JÉSUS, EN RENDANT
PAR LUI DES ACTIONS
DE GRÂCES
À DIEU LE PÈRE.

A CELUI QUI EST FERME
DANS SES SENTIMENTS
TU ASSURES LA PAIX,
LA PAIX, PARCE QU`IL SE CONFIE
EN TOI.
4 CONFIEZ-VOUS
EN L`ÉTERNEL
À PERPÉTUITÉ,
CAR L`ÉTERNEL,
L`ÉTERNEL EST LE
ROCHER DES
SIÈCLES.
ESAÏE 26:3&4

DANS MA
DÉTRESSE,
J`AI INVOQUÉ L`ÉTERNEL,
J`AI INVOQUÉ MON DIEU;
DE SON PALAIS,
IL A ENTENDU MA VOIX,
ET MON CRI EST PARVENU
À SES
OREILLES

II SAMUEL 22:7

JEAN 14:13
ET TOUT
CE QUE VOUS
DEMANDEREZ EN
MON NOM,
JE LE FERAI, AFIN QUE LE PÈRE
SOIT GLORIFIÉ DANS
LE FILS

ESAÏE 41:10
NE CRAINS RIEN,
CAR JE SUIS AVEC TOI;
NE PROMÈNE PAS DES REGARDS
INQUIETS, CAR JE SUIS TON
DIEU; JE TE FORTIFIE,
JE VIENS À TON SECOURS,
JE TE SOUTIENS DE MA DROITE
TRIOMPHANTE

CAR CE N`EST PAS
UN ESPRIT DE TIMIDITÉ
QUE DIEU NOUS A DONNÉ,
MAIS UN ESPRIT
DE FORCE,
D`AMOUR ET
DE SAGESSE
II TIMOTHÉE 1:7

FORTIFIEZ-VOUS
ET AYEZ DU COURAGE!
NE CRAIGNEZ POINT
ET NE SOYEZ POINT EFFRAYÉS
DEVANT EUX; CAR L`ÉTERNEL,
TON DIEU, MARCHERA LUI-MÊME
AVEC TOI, IL NE TE DÉLAISSERA
POINT, IL NE
T`ABANDONNERA
POINT
DEUTÉRONOME 31:6

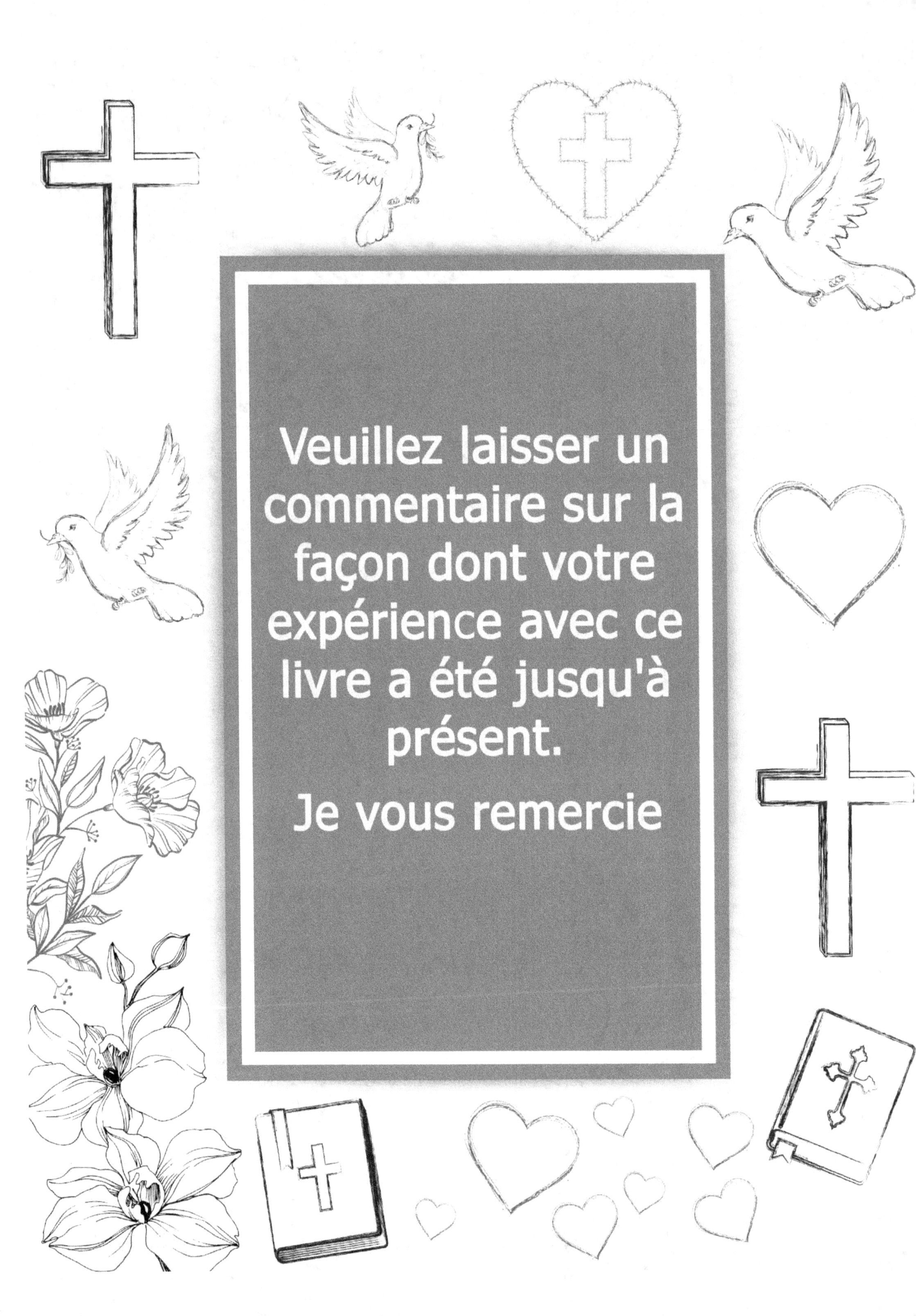
Veuillez laisser un commentaire sur la façon dont votre expérience avec ce livre a été jusqu'à présent.

Je vous remercie

PSAUMES 46:3
QUAND LES FLOTS DE LA MER MUGISSENT, ÉCUMENT, SE SOULÈVENT JUSQU' À FAIRE TREMBLER LES MONTAGNES.

PSAUMES 46:1-2
AU CHEF DES CHANTRES.
DES FILS DE KORÉ. SUR ALAMOTH.
CANTIQUE. DIEU EST POUR NOUS
UN REFUGE ET UN APPUI,
UN SECOURS QUI NE MANQUE
JAMAIS DANS LA DÉTRESSE.
2 C`EST POURQUOI NOUS SOMMES
SANS CRAINTE QUAND LA TERRE
EST BOULEVERSÉE, ET QUE LES
MONTAGNES CHANCELLENT
AU COEUR DES MERS

CAR
JE SUIS L`ÉTERNEL,
TON DIEU, QUI FORTIFIE
TA DROITE, QUI TE DIS: NE CRAINS
RIEN JE VIENS À
TON SECOURS
ESAÏE 41:13

PROVERBES 11:25

L`ÂME
BIENFAISANTE SERA
RASSASIÉE, ET CELUI QUI
ARROSE SERA
LUI-MÊME
ARROSÉ

JEAN 16:33
JE VOUS AI
DIT CES CHOSES,
AFIN QUE VOUS AYEZ
LA PAIX EN MOI.
VOUS AUREZ
DES TRIBULATIONS DANS
LE MONDE;
MAIS PRENEZ
COURAGE,
J`AI VAINCU
LE MONDE

ESAÏE 43:1

AINSI PARLE
MAINTENANT
L`ÉTERNEL,
QUI T`A CRÉÉ,
Ô JACOB! CELUI
QUI T`A FORMÉ, Ô ISRAËL!
NE CRAINS RIEN,
CAR JE TE RACHÈTE,
JE T`APPELLE PAR
TON NOM:
TU ES À MOI!

ESAÏE 43:2

SI TU TRAVERSES
LES EAUX, JE SERAI
AVEC TOI; ET LES FLEUVES,
ILS NE TE SUBMERGERONT
POINT;
SI TU MARCHES DANS LE FEU,
TU NE TE
BRÛLERAS PAS,
ET LA FLAMME NE
T`EMBRASERA
PAS.

HEUREUSE CELLE
QUI A CRU, PARCE QUE
LES CHOSES
QUI LUI ONT ÉTÉ DITES
DE LA PART DU SEIGNEUR
AURONT LEUR
ACCOMPLISSEMENT
LUC 1:45

IL ACCORDE,
AU CONTRAIRE, UNE GRÂCE
PLUS EXCELLENTE;
C`EST POURQUOI L`ÉCRITURE
DIT:
DIEU RÉSISTE
AUX L`ORGUEILLEUX,
MAIS IL FAIT GRÂCE
AUX HUMBLES
JACQUES 4:6

ET LA PAIX
DE DIEU,
QUI SURPASSE TOUTE
INTELLIGENCE,
GARDERA VOS
COEURS
ET VOS PENSÉES EN
JÉSUS CHRIST
PHILIPPIENS 4:7

DEMANDE-MOI
ET JE TE DONNERAI
LES NATIONS POUR
HÉRITAGE,
LES EXTRÉMITÉS
DE LA TERRE
POUR POSSESSION
PSAUMES 2:8

II CORINTHIENS 5:17
SI QUELQU`UN EST EN CHRIST, IL EST UNE NOUVELLE CRÉATURE. LES CHOSES ANCIENNES SONT PASSÉES; VOICI, TOUTES CHOSES SONT DEVENUES NOUVELLES

Psaumes 121:3
Il ne permettra point que ton pied chancelle; Celui qui te garde ne sommeillera point.

Psaumes 42:5
Pourquoi t`abats-tu, mon âme, et gémis-tu au dedans de moi? Espère en Dieu, car je le louerai encore; Il est mon salut et mon Dieu

L`Éternel
marchera lui-même
devant toi, il sera
lui-même avec toi, il ne
te délaissera point, il ne
t`abandonnera point; ne
crains point, et ne t`effraie
point
Deutéronome
31: 8

Nul ne tiendra
devant toi, tant que tu
vivras. Je serai avec
toi, comme j`ai été avec
Moïse; je ne te
délaisserai point,
je ne
t`abandonnerai
point
Josué 1: 5

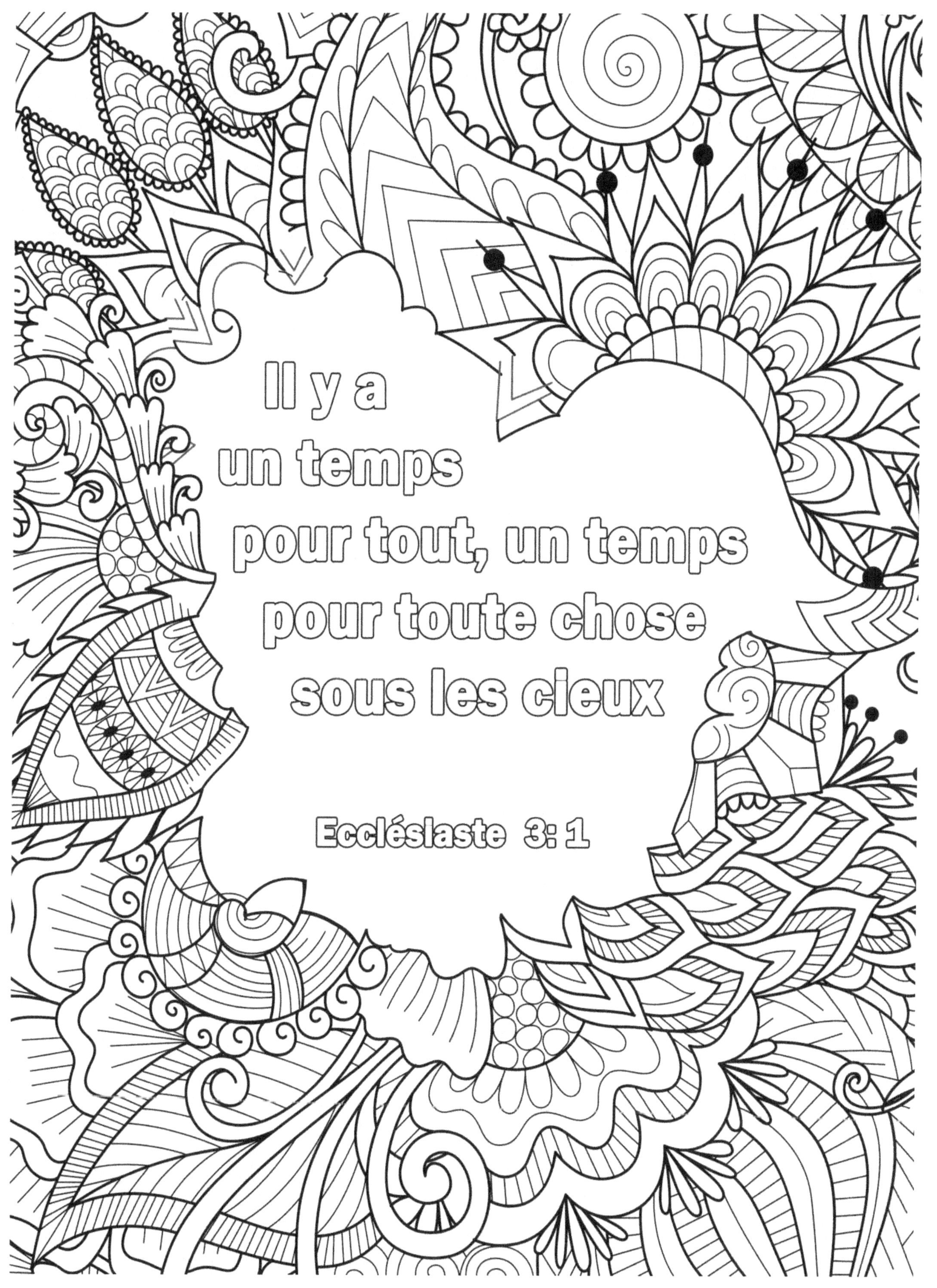

Il y a
un temps
pour tout, un temps
pour toute chose
sous les cieux

Eccléslaste 3: 1

Ne t`ai-je pas donné cet ordre: Fortifie-toi et prends courage? Ne t`effraie point et ne t`épouvante point, car l`Éternel, ton Dieu, est avec toi dans tout ce que tu entreprendras
Josué 1:9

C`est pourquoi, prenez toutes les armes de Dieu, afin de pouvoir résister dans le mauvais jour, et tenir ferme après avoir tout surmonté

Ephésiens 6:13

Esaïe 40: 31
Mais ceux qui se confient en l`Éternel renouvellent leur force. Ils prennent le vol comme les aigles; Ils courent, et ne se lassent point, Ils marchent, et ne se fatiguent point

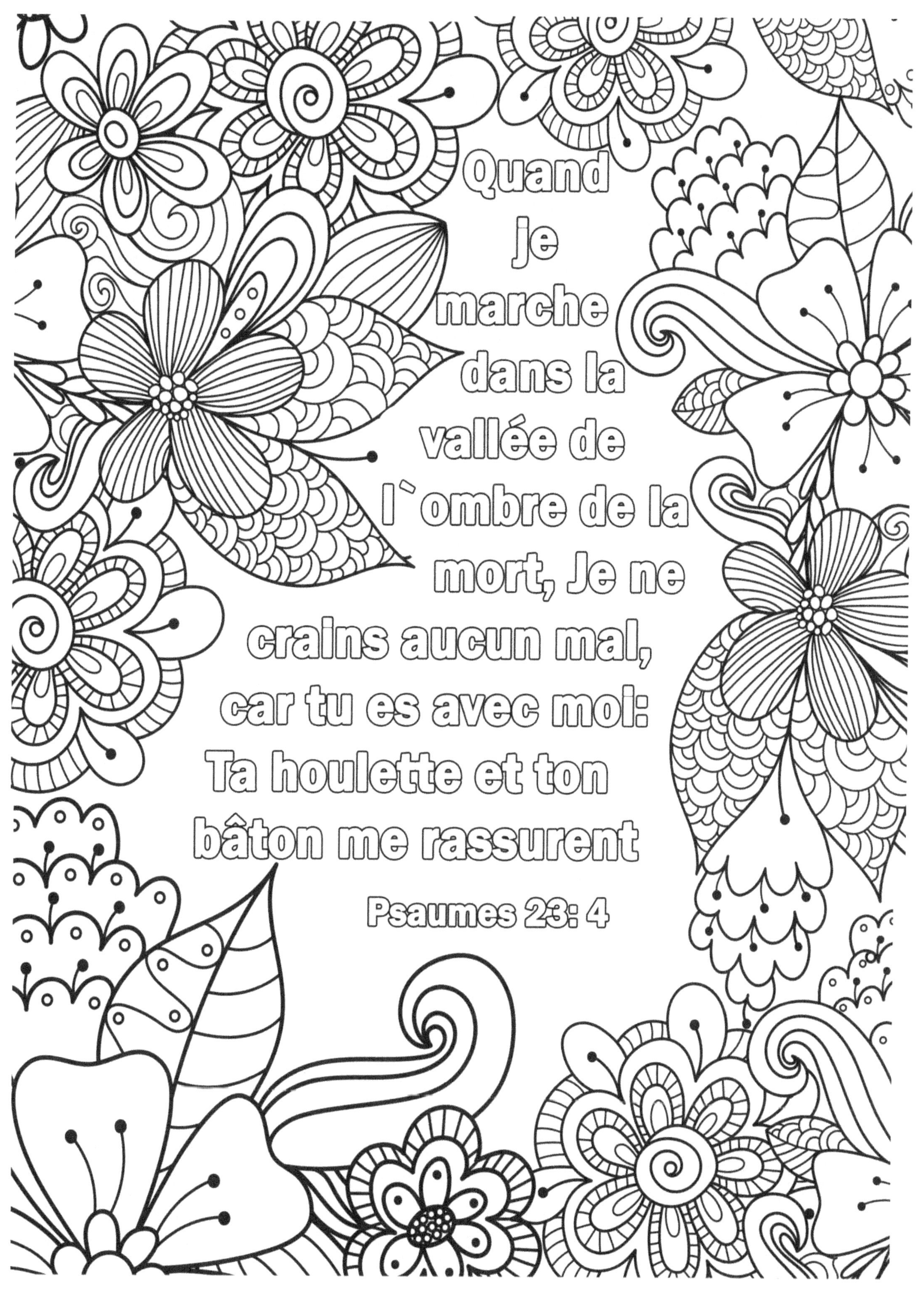

Quand Je marche dans la vallée de l`ombre de la mort, Je ne crains aucun mal, car tu es avec moi: Ta houlette et ton bâton me rassurent
Psaumes 23: 4

C`est moi,
c`est moi qui
vous console.
Qui es-tu, pour
avoir peur de l`homme
mortel, Et du fils de
l`homme,
pareil à l`herbe?

Esaïe 51:12

Jésus
lui dit:
Si tu peux!...
Tout est possible
à celui qui croit

Marc 9: 23

Psaumes
37: 4
Fais de l`Éternel tes délices, Et il te donnera ce que ton coeur désire

Demandez, et
l`on vous
donnera;
cherchez, et
vous trouverez;
frappez, et l`on
vous ouvrira

Matthleu 7: 7

Philippiens 4: 6
Ne vous inquiétez de rien; mais en toute chose faites connaître vos besoins à Dieu par des prières et des supplications, avec des actions de grâces

NOUS AVONS 3 CADEAUX SPECIAUX POUR VOUS

1- UN SON SPÉCIAL POUR VOUS AIDER À MIEUX DORMIR, À L'ÉCOUTE DE LA PAROLE DU SEIGNEUR.

2- RECEVEZ NOS DÉVOTION POUR VOUS GARDER INSPIRÉ ET CONNECTÉ AVEC DIEU.

3- BELLES ILLUSTRATIONS À IMPRIMER ET A COLORIER AVEC DES VERSETS DE LA BIBLE

www.closr2god.com/french

POUR VOTRE COMMODITE, IL SUFFIT DE NUMERISER LE CODE CI-DESSOUS AVEC VOTRE SMARTPHONE (COMME SI VOUS DEVIEZ EN PRENDRE UNE PHOTO A L'AIDE DE VOTRE APPAREIL PHOTO), ET IL VOUS MONTRERA AUTOMATIQUEMENT LA PAGE POUR QUE VOUS PUISSIEZ ENTRER VOTRE E-MAIL ET LA RECEVOIR.